Inhalt

Großkonzerne streichen Stellen – doch der Arbeitsmarkt glänzt weiter mit guten Zahlen

Kernthesen

Beitrag

Fallbeispiele

Weiterführende Literatur

Impressum

GENIOS WirtschaftsWissen Nr. 03/2008 vom 06.03.2008

Großkonzerne streichen Stellen - doch der Arbeitsmarkt glänzt weiter mit guten Zahlen

R.Reuter

Kernthesen

- Etwa seit 2005 hat sich die Situation am deutschen Arbeitsmarkt deutlich entspannt, und die Perspektiven bleiben trotz nachlassender Konjunktur auch weiterhin rosig.
- Trotz hoher Gewinne haben einige Großkonzerne in den letzten Wochen angekündigt, Tausende von Mitarbeitern zu entlassen.
- Arbeitsmarktforscher sehen die neuerliche

Verschlankungswelle bei den Großunternehmen allerdings gelassen - denn der wichtigste Jobmotor der deutschen Wirtschaft ist nach wie vor der Mittelstand.

Beitrag

Die Bundesagentur für Arbeit (BA) hat wieder gute Beschäftigungszahlen gemeldet und ist auch für die kommenden Jahre optimistisch. Das Stimmungsbild trüben nur die Entlassungspläne einiger Großunternehmen, von denen für den Arbeitsmarkt insgesamt aber keine spürbare Wirkung erwartet wird.

Gute Nachrichten vom Arbeitsmarkt

Die sich abschwächende Konjunktur kann dem Arbeitsmarkt derzeit noch nichts anhaben. Auch der Stellenabbau, den große Unternehmen in den vergangenen Wochen angekündigt haben, wird laut Expertenmeinung hieran nichts ändern. Im Februar betrug die Zahl der registrierten Arbeitslosen 3,617 Millionen, im Vormonat waren es 42 000 mehr. Noch nie zuvor hat es von Januar auf Februar einen stärkeren Rückgang der Arbeitslosigkeit gegeben. Bereinigt um Sondereffekte beträgt das Minus sogar 75 000. Die Arbeitslosenquote liegt damit derzeit bei 8,6 Prozent. (1), (2)

Zahl der Erwerbstätigen bleibt stabil

Zwar ist die Zahl der Erwerbstätigen im Januar erstmals wieder unter die Marke von 40 Millionen gesunken; gegenüber den Vorjahren fiel der Rückgang damit jedoch geringer aus. 27,22 Millionen Menschen hatten im Dezember eine sozialversicherungspflichtige Arbeit, was gegenüber dem Vorjahreszeitraum ein Plus von 600 000 bedeutet. (2)

Eine Million offene Stellen

Der milde Winter hat dafür gesorgt, dass die Zahl der bei der Bundesagentur für Arbeit gemeldeten offenen Stellen derzeit bei fast einer Million liegt. Die meisten Arbeitskräfte werden in kaufmännischen Berufen gesucht, es folgen Elektriker (22 000), Bürofachkräfte (20 000), Werbe- und Dienstleistungskaufleute sowie

Schlosser (je 18 000). (3)

Gute Aussichten bis 2009

Die im Vergleich zu früheren Jahren niedrige Arbeitslosigkeit in Deutschland wird Experten zufolge auch 2008 Bestand haben. Die Bundesagentur für Arbeit rechnet für das Gesamtjahr mit einer durchschnittlichen Arbeitslosenzahl von 3,5 Millionen: Das wären etwa 300 000 weniger als 2007. Auch für 2009 erwarten Wirtschaftsforscher einen weiteren leichten Rückgang. Trotzdem mehren sich laut Bundesagentur die Anzeichen dafür, dass der seit 2005 zu verzeichnende Höhenflug des Arbeitsmarkts langsam seinem Ende zustrebt. (4)

Stellenabbau bei BMW

Trotz eines Rekordergebnisses will der Münchner Autokonzern BMW 8100 Arbeitsplätze streichen, davon 7 500 in Deutschland. Als Begründung für die Maßnahme wurde die gesunkene Rendite angeführt, die der Konzern infolge der Dollar-Schwäche zu verzeichnen habe. Die US-Währung hatte in der vergangenen Woche erstmals die Marke von 1,50 je

Euro durchbrochen, was den Konzern nach eigener Aussage in beträchtliche Schwierigkeiten bringt. Fast 300 000 Autos liefern die Münchner jährlich in die USA, die darum für BMW der wichtigste Einzelmarkt sind. Nach wie vor werden die meisten in die USA verschifften Fahrzeuge in Deutschland hergestellt, sodass sich BMW zu weiteren Maßnahmen bei der Kostenreduktion veranlasst sieht. So plant der Autohersteller über den Personalabbau hinaus, bis 2012 vier Milliarden Euro für Material einzusparen. Personalchef Ernst Baumann sieht keinen anderen Ausweg: "Wir müssen handeln". (5)

Henkel zieht nach

Auch der Waschmittel- und Klebstoffproduzent Henkel will Arbeitsplätze streichen. Wie bei BMW mutet die Maßnahme allerdings kaum verständlich an, denn das Unternehmen hat im vergangenen Jahr einen Gewinnanstieg von acht Prozent auf 941 Millionen Euro erreicht. Die Begründung für die geplante Streichung von 3000 Stellen fiel dann auch ebenso dürr aus wie die der Bayerischen Motorenwerke: Ausschlaggebend sei "das zunehmend härtere Wettbewerbsumfeld und der Kostendruck", so Konzernchef Ulrich Lehner. Dass es die Branche trotz guter Zahlen nicht leicht hat, zeigt allerdings ein Wettbewerber von Henkel - der britisch-niederländische Konzern Unilever. Das Unternehmen hat im vergangenen August angekündigt, weltweit 20 000 Stellen zu streichen und 50 seiner 300 Werke zu schließen. (6)

Auch Siemens entlässt Personal

Beim Großkonzern Siemens ist es das Telekommunikationsgeschäft, das derzeit die größten Sorgen macht. Ähnlich wie vor drei Jahren die Handy-Sparte - die später in den Händen von BenQ unrühmlich dem Ende entgegen ging - ist es diesmal der Bereich Telekommunikation (SEN), der restrukturiert und dann verkauft werden soll. Hierfür werden zunächst Tausende von Stellen gestrichen, um den Geschäftsbereich für potenzielle Käufer interessant zu machen. 6 800 Mitarbeiter sollen gehen, allerdings will Siemens die Fehler aus dem BenQ-Transfer nicht noch einmal machen. SEN soll nach der Verschlankung ein konkurrenzfähiger Wettbewerber sein, der dann unter neuer Führung eine aussichtsreiche Zukunft vor sich hat. (7)

Kritik aus der Politik

Auf Verständnis aus der Politik können die Konzerne für ihre Personalpolitik indessen nicht hoffen. Bundesarbeitsminister Olaf Scholz beispielsweise rügte die von BMW, Henkel und Siemens veröffentlichten Pläne mit deutlichen Worten. Der Arbeitsmarktpolitiker Stefan Müller riet den Großkonzernen, sich an der Unternehmensethik des Mittelstandes zu orientieren, "statt kurzfristigen Kapitalinteressen hinterher zu hecheln". Auf besonderes Unverständnis stößt der Umstand, dass die Konzerne gerade im abgelaufenen Jahr besonders hohe Gewinne eingestrichen haben. Die deutlichsten Worte hierfür fand erwartungsgemäß der Parteivorsitzende der Linkspartei, Oskar Lafontaine. Er sprach von "ungezügeltem Raubtierkapitalismus", an dem die Bundesregierung eine Mitschuld trage, weil sie nicht einschreite. (2)

Jobmotor bleibt der Mittelstand

Arbeitsmarktexperten betonen indessen, dass die Stellenstreichungen der Großkonzerne zwar öffentlich für Unmut sorgen, sie aber an der guten Verfassung des Arbeitsmarktes nichts ändern können. Der Aufbau von Beschäftigung laufe "unspektakulär" ab und werde in erster Linie von mittelständischen Unternehmen getragen. Die gute Situation des

Mittelstandes, die kürzlich auch von einer Studie der Sparkassen bestätigt wurde, habe für die Entwicklung des Arbeitsmarktes weit größeres Gewicht als die Entlassungspolitik einzelner Konzerne. "Für den Gesamttrend des Arbeitsmarkts lassen sich daher bisher keine negativen Auswirkungen erkennen", so der Chef der Bundesagentur für Arbeit, Frank-Jürgen Weise. (4)

Fallbeispiele

Auch Telekom spart für Personalabbau

Die Deutsche Telekom will erneut viel Geld ausgeben, um ihren Beamten den Ausstieg aus dem Unternehmen zu versüßen. 1,4 Milliarden Euro hat der Konzern im vierten Quartal für Abfindungsprogramme und Vorruhestandsregelungen zurückgelegt; bis Ende 2008 sollen 32 000 Mitarbeiter das Unternehmen verlassen. Insgesamt hätte sich die Telekom ihren Personalabbau dann 3,3 Milliarden Euro kosten lassen, allerdings soll es auch das letzte Abfindungsprogramm dieser Art sein. Mit ihrem umfassenden Sparprogramm will die Telekom die Kosten bis 2010 um jährlich 4,7 Milliarden Euro senken. (8)

Internet schafft Jobs

Software-Entwickler und Fachleute für Online-Marketing haben es auf dem Arbeitsmarkt gerade besonders leicht. Die Unternehmen der Branche konkurrieren in starkem Wettbewerb um die besten Köpfe, was zu kräftig steigenden Gehältern geführt hat. "Wir suchen, wie unsere Mitbewerber auch, verstärkt nach Softwareingenieuren. Aber die sind extrem schwer zu bekommen", erklärte unlängst Google-Sprecher Stefan Keuchel. Alleine das Unternehmen United Internet sucht zurzeit 100 neue Mitarbeiter. Ebenso viele Stellen sind bei Freenet unbesetzt. (9)

Weiterführende Literatur

(1) Manager gestehen Kommunikationsfehler aus Handelsblatt Nr. 043 vom 29.02.08 Seite 3

(2) Zahl der Arbeitslosen sinkt überraschend stark aus Frankfurter Allgemeine Zeitung, 29.02.2008, Nr. 51,

S. 11

(3) Deutsche Firmen suchen eine Million Arbeitskräfte Arbeitsmarkt wächst: Besonders der Mittelstand stellt ein - Kritik am Stellenabbau bei Konzernen
aus DIE WELT, 29.02.2008, Nr. 51, S. 1

(4) Unternehmen stellen kräftig ein
aus HANDELSBLATT online 29.02.2008 06:00:00

(5) BMW greift hart durch
aus Handelsblatt Nr. 042 vom 28.02.08 Seite 17

(6) Henkel baut 3 000 Stellen ab
aus Handelsblatt Nr. 042 vom 28.02.08 Seite 14

(7) Siemens will einen zweiten BenQ-Fall verhindern
aus Frankfurter Allgemeine Zeitung, 27.02.2008, Nr. 49, S. 11

(8) Telekom spart für Personalabbau
aus Handelsblatt Nr. 043 vom 29.02.08 Seite 15

(9) Das Internet ist wieder eine Jobmaschine
aus Frankfurter Allgemeine Zeitung, 01.03.2008, Nr. 52, S. C6

Impressum

Großkonzerne streichen Stellen - doch der Arbeitsmarkt glänzt weiter mit guten Zahlen

Bibliografische Information der deutschen Nationalbibliothek

Die Deutsche Nationalbibliothek verzeichnet diese Publikation in der deutschen Nationalbibliografie; detaillierte bibliografische Daten sind im Internet über http://dnb.d-nb.de abrufbar.

ISBN: 978-3-7379-0925-9

© 2015 GBI-Genios Deutsche Wirtschaftsdatenbank GmbH, Freischützstraße 96, 81927 München, www.genios.de

Alle Rechte vorbehalten. Dieses Werk ist einschließlich aller seiner Teile – z.B. Texte, Tabellen und Grafiken - urheberrechtlich geschützt. Jede Verwertung außerhalb der Grenzen des Urheberrechtsgesetzes bedarf der vorherigen Zustimmung des Verlags. Dies gilt insbesondere auch für auszugsweise Nachdrucke, fotomechanische

Vervielfältigungen (Fotokopie/Mikroskopie), Übersetzungen, Auswertungen durch Datenbanken oder ähnliche Einrichtungen und die Einspeicherung und Verarbeitung in elektronischen Systemen.